11 décembre 1903

V

Décembre 1903.

Vente DENIÈRE

Commissaires-Priseurs :

Me Henri BERNIER, 11, Rue Saint-Lazare ;
Me Frédéric LECOCQ, 41, Rue Richer.

IMPRIMERIE MAULDE ET RENOU

MAULDE, DOUMENC & Cie

IMPRIMEURS DE LA COMPAGNIE DES COMMISSAIRES-PRISEURS

Rue de Rivoli, 144

Première Vente DENIÈRE

(Maison DENIÈRE, 15, rue Vivienne)

BEAUX BRONZES

d'Art, d'Éclairage et d'Ameublement

Régulateur, Marbres, Groupes et Statuettes, Baromètres
Cartels, Pendules, Candélabres
Girandoles, Torchères, Lustres, Appliques, Lampes
Flambeaux, Chenets, Colonnes, Vases
Coupes, Jardinières, Terres cuites biscuits, Orfévrerie
Trumeaux, Tableaux, Porcelaines de Chine et de Saxe

MEUBLES

Vente après décès de M. DENIÈRE

EN VERTU D'ORDONNANCE

Requête de M. MÉNAGE, Administrateur judiciaire

HOTEL DROUOT — SALLE N° 11

Les Vendredi 11 et Samedi 12 Décembre 1903

A DEUX HEURES

Par le ministère de :

Me H. BERNIER	**Me F. LECOCQ**
COMMISSAIRE-PRISEUR	COMMISSAIRE-PRISEUR
11, rue Saint-Lazare, 11	41, rue Richer, 41

ASSISTÉS DE

M. A. BOUCHÉ, *Expert, 54, Boulevard du Temple.*
M. L. GASTAMBIDE, *Expert, 49, rue Sainte-Anne.*
M. Henri LEPESQUEUR, *Expert, Boulev. Magenta, 49.*

EXPOSITION PUBLIQUE

Le Jeudi 10 Décembre 1903, de 2 heures à 6 heures

PARIS — 1903

CONDITIONS DE LA VENTE

La Vente sera faite **expressément au comptant.**

Les Acquéreurs paieront, en sus des adjudications, **dix pour cent.**

L'Exposition mettant le public à même de se rendre compte de l'état des objets, il ne sera admis aucune réclamation une fois l'**adjudication prononcée.**

NOTA. — *Les objets de grande dimension et ceux non compris aux Vacations des 11 et 12 Décembre 1903, seront vendus* **Hôtel Drouot, salle n° 12,** *au rez-de-chaussée, les* **Mardi 15** *et* **Mercredi 16 Décembre 1903,** *avec* **Exposition le Lundi 14,** *de 2 heures à 6 heures.*

MAULDE, DOUMENC et Cie, imprimeurs de la Cie des Commissaires-Priseurs, rue de Rivoli, 144. 1300—15365

Désignation

RÉGULATEUR

1 — Grand Régulateur de style **Louis XVI**, Char d'Apollon, bois de violette et satiné, ornements bronze doré, cadran avec signes du Zodiaque, trois bas-reliefs enfants.

MARBRES

2 — Groupe marbre blanc statuaire, **Enfant au Canard**, d'après Sauvageot, base marbre rouge antique et bronze doré.

3 — Statuette marbre blanc **Galatée**.

D'après Carrier-Belleuse.

4 — **Buste d'Enfant** marbre blanc, avec piédouche.

5 — Buste marbre blanc statuaire, style **Empire**, Femme drapée, coiffure plumes.

6 — Buste de Femme marbre blanc statuaire, style **Louis XVI**, piédouche, marbre griotte.

7 — Buste marbre blanc statuaire, **Marie-Antoinette**, piédouche, marbre bleu turquin.

8 — Statuette marbre blanc, **Bacchante couchée**.

D'après Clodion.

GROUPES ET STATUETTES BRONZE

9 — Deux Statuettes, **Buveurs flamands**, bronze patiné et socle bronze doré.

10 — Statuette **Enfant écrivant**, bronze patiné.

11 — Groupe **Le Temps et l'Histoire**, bronzé patiné, sur socle bois noir et bronze doré.

12 — Groupe bronze patiné, réduction du précédent.

13 — Deux Groupes, le **Dèpart pour l'École** et la **Leçon de Danse**, bronze patiné.

14 — Groupe **Amour et Amitié**, bronze patiné.

Par A. Carrier.

15 — *(Supprimé).*

16 — Statuette **Galathée**, bronze patiné.

Par Carrier-Belleuse.

17 — Deux Bustes, **Lydie** et **Sylvie**, bronze patiné.

D'après Falconnet.

18 — Deux Statuettes, **Chien** et **Chat**, bronze patiné, socle marbre Lovento et bronze doré.

19 — Statuette **Amour endormi**, bronze patiné.

20 — Statuette **Diane à l'Arc**, bronze patiné.

Par A. Carrier.

21 — Groupe **Enlèvement de Déjanire par Nessus**, socle bois noir.

22 — Groupe **Enfant, Chèvre** et **Chien**, bronze patiné.

23 — Deux Statuettes, **Elisabeth** et **Marie Stuart**, bronze chairé vieil or.

24 — Statuette **Enfant dansant**, bronze patiné.

25 — Petite Statuette **Génie**, bronze doré.

26 — Deux Statuettes, **Mars et la Paix**, bronze italien.

27 — Statuette **Fleuve**, bronze patiné, socle bois noir.

28 — Statuette **Galatée**, bronze patiné, modèle réduit.
D'après CARRIER-BELLEUSE.

29 — Groupe équestre, **Bellone**, bronze patiné.

CARTELS

30 — Cartel style **Louis XIV, Jupiter**, bronze verni or.

31 — Baromètre style **Louis XIV, Junon,** bronze verni or.

32 — Cartel bronze doré, style **Louis XV**, Enfant cadran solaire.

33 — Cartel bronze doré, style **Louis XVI**, **vase têtes de béliers** et guirlandes.

34 — Cartel bronze doré, style **Louis XV,** fleuri.

35 — Cartel bronze doré, style **Louis XVI**, têtes de béliers.

36 — Cartel rond, bronze doré, style **Louis XVI**.

37 — Cartel **Lyre à thermomètre**, style **Louis XVI**, bronze bleui et doré.

38 — Cartel bronze doré, style **Louis XV**. Enfants au cadran solaire, guirlandes de fleurs.

39 — Cartel bronze doré, style **Louis XVI**, guirlande de lauriers.

PENDULES ET CANDÉLABRES

40 Pendule style **Louis XVI**, deux Femmes, Bronze doré et patiné sur marbre bleu turquin.

Deux Candélabres d'accompagnement, **Têtes de Béliers**, trois lumières, Bronze doré.

41 Pendule style **Louis XVI**, bronze doré, trois Enfants nuage, base marbre blanc.

Deux Candélabres d'accompagnement, **Enfants assis**, à neuf lumières, Bronze doré.

42 Pendule style **Louis XVI**, bronze doré, chapiteau, guirlandes et cornes d'abondance.

Deux Candélabres d'**accompagnement**, à cinq lumières, Bronze doré.

43 Pendule style **Louis XVI**, console, à têtes de béliers, Bronze doré et marbre blanc.

Deux Bouts de table d'accompagnement à deux lumières, Bronze doré et marbre blanc.

44 Pendule style **Louis XVI**, Trois Femmes supportant une boule bleue, Bronze doré et patiné sur base porphyre.

Deux Candélabres d'accompagnement, **Prêtresses**, à cinq lumières, Bronze doré et patiné.

45 — Pendule bronze doré, style **Louis XVI**, à colonnettes, avec glace et draperie, Base marbre bleu turquin.

46 — Pendule style **Louis XVI**, à glaces. Cassolettes à guirlande de chêne, Bronze doré.

47 Pendule bronze doré, style **Louis XIV**, Enfant et Chimères.

Deux Candélabres d'**accompagnement**, bouquet à sept lumières, Bronze doré.

48 Pendule bronze doré, style **Régence**, **Enfants Saisons**, Bronze patiné.

Deux Candélabres d'accompagnement, **Bouquet** à 10 lumières.

49 — *(Supprimé).*

50 Pendule, style **Louis XVI**, en marbre bleu turquin et ornements Bronze doré.

Deux Cassolettes, **Têtes de Femmes,** d'accompagnement, marbre bleu turquin et Bronze doré.

51 Pendule bronze doré, style **Louis XV**, Femme au Soleil.

Deux Girandoles d'accompagnement, Bronze doré, à cinq lumières.

52 Pendule bronze doré style **Louis XVI,** Trophée sur base marbre serpentine.

Deux Candélabres d'accompagnement, à quatre lumières.

53 — Pendule style **Louis XVI**, Enfant au pigeon, marbre statuaire, socle bronze doré et marbre bleu turquin (d'après PIGALLE).

54 — Pendule bronze doré style **Louis XVI**, Enfants chasseurs.

55 Pendule bronze doré style **Louis XVI**, chapiteau et guirlandes de roses.

Deux Candélabres d'accompagnement même style, à dix lumières.

56 — Pendule style **Louis XIV**, marqueterie, Enfant et Dragons, Bronze doré.

57 — Pendule bronze doré style **Louis XVI** régulateur, Sagesse et Folie, base en marbre bleu turquin.

58 — Petite Pendule style **Empire**, statuettes biscuit.

59 Pendule bronze doré style **Louis XVI**, Chiens de Fô, socle marbre noir.

Deux Candélabres d'accompagnement avec cristaux.

60 Pendule bronze doré style **Louis XIV,** à rayons (Versailles).

Deux Candélabres d'accompagnement bronze doré, **Enfants guerriers.**

61 Pendule bronze doré style **Louis XVI**, deux Muses debout.

Deux Candélabres d'accompagnement, **Bacchante à l'Enfant faune**, bouquet à huit lumières, têtes d'aigles.

62 — Pendule bronze doré style **Louis XVI**, gros vase, deux Enfants et attributs de musique.

63 — Pendule bronze doré style **Louis XVI**, la Vérité, socle bois noir.

64 — Pendule bronze doré style **Louis XVI,** Trophée d'armes, Chute de fruits et fleurs, base porphyre.

65 — Pendule bronze doré style **Louis XVI,** Enfant debout.

66 — Pendule style **Renaissance,** à colonnettes avec quatre cadrans, bronze doré et gravé.

67 — Pendule bronze doré style **Louis XVI**, Enfants Arc et Viole, base marbre blanc.

68 — Pendule bronze doré style **Louis XVI**, marbre blanc à colonnettes et vase.

69 — Pendule marbre blanc, Bronze doré, style **Louis XVI**, quatre Cariatides femmes.

70 — Pendule marbre blanc et bronze doré style **Louis XVI**, colonne cannelée, vase et deux Enfants.

70 *bis* — Pendule **Louis XVI**, bronze doré, deux Enfants applique.

71 — Pendule cartonnier bronze doré style **Louis XIV**, statuette la Renommée.

72 — Pendule Biscuit, **Femme et Amour**.

73 — Petite Pendule bronze doré style **Louis XVI**. Lion, base marbre blanc.

74 — Pendule bronze doré style **Louis XVI**, Enfants **Astronomie**, base marbre rouge antique.

75 — Pendule style **Louis XIV**, marqueterie écaille avec Renommée, Bronze doré.

76 — Pendule bronze doré style **Louis XVI**, Enfant à la grenade.

77 — Pendule religieuse style **Louis XIII**, écaille et bronzes dorés.

78 — Petite Pendule de voyage bronze doré style **Louis XVI**, anse serpent.

79 — Pendule bronze doré style **Louis XVI**, base marbre blanc avec bas-relief.

80 — Deux Candélabres style **Louis XVI**, deux Femmes supportant un bouquet de sept lumières, Bronze doré et patiné. Base granit.

81 — Deux Girandoles style **Régence**, bronze doré à six lumières, pied à écusson.

82 — Deux Candélabres style **Louis XV**, Indien et Indienne, Bronze patiné. Base et bouquets à sept lumières, Bronze doré.

83 — Deux Girandoles bronze doré, à quatre lumières pieds à canaux, style **Louis XVI**.

84 — Deux Candélabres style **Louis XIV**, bouquets mobiles, figures **Faunes**, Bronze patiné et doré.

85 — Deux Girandoles bronze doré à trois lumières style **Louis XVI**.

86 — Deux Candélabres style **Louis XV**, avec statuettes porcelaine à deux lumières, monture bronze doré.

87 — Deux Candélabres bronze doré style **Empire**, Amour ailé, bouquet de cinq lumières.

88 — Deux Candélabres bronze doré style **Louis XVI**, console tête d'aigle à cinq lumières, base marbre blanc.

89 — Deux Candélabres style **Louis XVI, Sirène**, bronze doré à huit lumières, médaillon biscuit.

90 — Deux Candélabres bronze doré style **Louis XVI**, Enfant bronze patiné, à sept lumières, base granit rose.

91 — Deux Candélabres style **Louis XVI**, bouquet de tulipes à six lumières, vases marbre bleu turquin et bronze doré.

92 — Deux Candélabres bronze doré style **Louis XVI**, à dix lumières, base marbre bleu turquin.

93 — Deux Candélabres bronze doré, à six lumières, style **Louis XVI**, groupe de trois Femmes.

94 — Deux grands Candélabres bronze doré style **Louis XVI**, à dix lumières, à draperie et vase émail bleu. (Saint-Cloud).

95 — Deux Candélabres même modèle, plus petits.

TORCHÈRES

96 — Deux Bouquets pour torchères, cristaux et bronze doré, style **Louis XIV**, quinze lumières, à l'électricité.

97 — Deux Torchères bronze doré style **Louis XVI**, Enfants **Été** et **Automne**, à treize lumières, socle avec guirlandes.

LUSTRES

98 — Grand Lustre bronze doré à trente-six lumières style **Louis XIV**, à plaquettes cristal.

99 — Grand Lustre bronze doré à trente-six lumières **Tiepolo**, avec guirlandes de cristaux et plaquettes.

100 — Grand Lustre **Louis XVI**, à dôme et chaîne bronze doré et cristaux à trente-six lumières.

101 — Grand Lustre **Louis XVI** bronze doré et cristaux, à trente-six lumières.

102 — Lustre style **Empire**, bronze doré et cristaux quatre Femmes drapées, à l'électricité.

103 — Lustre bronze doré, à neuf lumières style **Louis XVI**, vigne et draperie.

104 — Lustre style **Louis XV**, bronze doré à quinze lumières.

105 — Plafonnier à l'électricité style **Louis XIV**, cristaux et bronze doré à cinq lumières.

106 — Lustre bronze doré, feuillages, vases et fleurs émail, à six lumières à l'électricité.

APPLIQUES

107 — Deux appliques style **Empire**, bronze doré à 2 lumières à l'électricité.

108 — Deux appliques style **Régence**, bronze doré à 6 lumières.

109 — Deux appliques style **Louis XVI**, bronze doré à 5 lumières, Cors de chasse et Chimères ailées.

110 — Deux appliques bronze doré style **Empire**, Tête d'aigle, Guirlandes et Fleurs, à 2 lumières.

111 — Deux appliques bronze doré style **Louis XVI**, Lyre et Serpents à 5 lumières.

112 — Deux appliques style **Louis XVI**, bronze doré à 2 lumières, Feuilles de lierre.

113 — Deux appliques bronze doré style **Louis XVI**, à 3 lumières. Guirlandes de chêne et carquois.

114 — Deux appliques bronze doré style **Louis XVI**, à 3 lumières, Têtes d'aigles, base à Têtes de lions.

115 — Deux appliques bronze doré style **Louis XVI**, à 2 lumières, Feuilles de vigne.

116 — Deux appliques style **Louis XVI**, bronze doré à 3 lumières, Têtes de négresses.

117 — Bras bronze verni or, style **Régence,** Chimère ailée, 3 lumières à l'électricité.

118 — Deux Bras bronze doré style **Louis XV,** à 2 lumières à l'électricité.

119 — Deux Bras bronze doré, style **Louis XVI,** carquois à 5 lumières.

120 — Deux Appliques à 3 lumières, bronze doré style **Empire.**

121 — Deux Bras bronze doré, style **Louis XIV,** à 2 lumières, Mars et Minerve.

122 — Deux Bras bronze doré, à 3 lumières, style **Louis XV.**

123 — Deux Bras bronze doré, style **Louis XVI,** à 9 lumières, Carquois et Tête de Femme.

124 — Deux Appliques bronze doré, style **Louis XVI,** à 5 lumières, Branches de lauriers et Tête de Faune.

125 — Deux Bras bronze doré style **Louis XIV,** à 5 lumières, Tête de Femme.

126 — Deux Bras bronze doré, à rubans, 2 lumières, style **Louis XVI.**

127 — Deux Bras style **Louis XVI,** bronze doré à 2 lumières, Grosses guirlandes de laurier.

128 — Deux Bras bronze doré, style **Louis XVI**, à 2 lumières, Carquois et Vase.

129 — Deux Appliques bronze doré à 6 lumières, style **Empire**, Tête d'Aigle et Serpent.

130 — Deux grandes Appliques style **Louis XIV**, Sphinx bronze doré et cristaux.

131 — Deux Appliques **Perruches**, faïence, décor bronze polychrome, à 2 lumières à l'électricité.

132 — Grand Bras de **mur**, fer forgé.

LAMPES

133 — Deux Lampes bronze doré, style **Louis XVI**, cannelures torses et guirlandes lauriers.

134 — Deux Lampes vase craquelé, à personnages, monture bronze **Chinois**.

135 — Deux Lampes style **Louis XV**, potiche rouge haricot, à l'électricité.

136 — Deux Lampes style **Louis XVI**, bronze doré, bouteille rouge haricot, à l'électricité.

137 — Deux Lampes bronze doré, style **Louis XV**, bouteille rouge haricot.

FLAMBEAUX

138 — Deux flambeaux bronze doré, style **Louis XVI**, Dauphins.

138 *bis* — Flambeau liseuse à 2 lumières, métal argenté.

139 — Bougeoir bronze doré, style **Renaissance.**

140 — Bougeoir bronze doré, style **Empire**.

141 — Deux bouts de table bronze doré, à 3 lumières, style **Louis XV.**

142 — Deux flambeaux style **Louis XVI**, **Indienne**, d'après Clodion. Bronze patiné et doré.

143 — Deux flambeaux style **Louis XV**, à écussons bronze doré.

144 — Deux flambeaux bronze doré style **Louis XIV**, 3 Enfants gaine.

145 — Deux flambeaux style **Louis XVI**, bronze doré.

146 — Deux flambeaux style **Louis XVI**, 3 Femmes cariatides bronze doré.

147 — Deux flambeaux bronze doré, **Enfant sur Dauphin**.

148 — Deux flambeaux bronze doré, style **Louis XIV**, Balustre triangulaire.

149 — Deux flambeaux bronze doré, style **Régence.**

150 — Deux flambeaux bronze doré, style **Louis XVI,** Têtes de Vestale.

151 — Flambeau bouillotte à 3 lumières, style **Empire.**

152 — Deux flambeaux bronze doré, style **Louis XIV,** Pied à feuilles gravées.

153 — Deux flambeaux style **Louis XVI,** Baguette Bronze doré.

154 — Deux flambeaux style **Empire,** bronze doré, Femme.

155 — Deux flambeaux bronze doré, à Guirlandes, style **Louis XV.**

156 — Deux flambeaux bronze doré, style **Louis XIV,** Balustre triangulaire, Feuilles gravées.

CHENETS

157 — Deux chenets bronze doré, style **Louis XIV,** Figures de Zéphirs bronze patiné.

158 — Deux chenets bronze doré, style **Louis XV,** Vénus et Vulcain.

159 — Deux chenets bronze doré, style **Louis XIV,** Enfants.

COLONNES

160 — Deux colonnes marbre onyx d'Algérie, Chapiteau ionique, bague bronze doré, base marbre Campan vert.

161 — Deux colonnes marbre rouge **Royal,** chapiteau et base bronze patiné.

162 — Six colonnes style **Louis XVI,** cannelées acajou.

VASES

163 — Deux vases style **Louis XV,** porphyre vert, jaspe d'Orient, Bouquets pavots à 5 lumières, bronze doré.

164 — Deux vases style **Louis XVI,** bronze doré, Peau de lion, marbre jaspe fleuri agatisé.

165 — Deux vases style **Louis XVI**, marbre agate du Brésil, Guirlande de roses, monture bronze doré.

166 — Deux vases style **Louis XV,** bronze doré, Marbre fleur de pêcher.

167 — Deux vases brûle-parfums à **couvercles,** marbre onyx, anses Chimères ailées, bronze doré.

168 — Deux vases style **Louis XVI,** marbre bleu turquin, bronze doré, Têtes d'aigles.

169 — Vase marbre granit des **Vosges,** à godrons avec couvercle.

170 — Grand vase style **Louis XVI,** marbre fleur de pêcher et ornements en bronze doré.

171 — Deux vases cassolettes, style **Louis XVI,** marbre bleu turquin avec Bouquets iris et œillets à 6 lumières. Bronze doré.

COUPES

172 — Deux coupes marbre bleu **turquin,** pied bronze doré.

173 — Deux coupes bronze doré, pied marbre **turquin.**

174 — Grande coupe en agate, forme **Navire,** bronze ciselé et doré, socle jaspe fleuri.

175 — Coupe marbre vert antique **Oriental.**

176 — Deux coupes coquilles **Naïades,** bronze doré et argenté.

JARDINIÈRES ET TERRES CUITES

177 — Jardinière marbre blanc ornée de bronze doré, style **Louis XVI.**

178 — Une lampe **antique** terre cuite.

179 — Statuette terre cuite, **Ariane** couchée (Versailles).

180 — Groupe terre cuite, **2 Enfants** et **Dauphin.**

OBJETS D'ART

181 — Groupe allégorique, Biscuit.

181 *bis* — **Deux Chiens de Fô** en porcelaine.

182 — Groupe 3 **Enfants,** plomb.

183 — Petit canon bronze style **Louis XIV**, sur affût.

184 — Marteau de porte fer forgé.

184 *bis* — Sonnette bronze doré style **Louis XV.**

185 — Petit miroir bronze doré style **Louis XVI,** avec 2 bras porte-lumières et 2 perroquets porcelaine de Chine famille verte.

ORFÈVRERIE

186 — Surtout bronze argenté style **Louis XV**, Femmes et Vase.

187 — Jardinière style **Louis XV**, Bronze argenté.

188 — Plateau à glace, Bronze argenté style **Louis XV**.

189 — Deux flambeaux à écussons style **Louis XV**, Bronze argenté.

190 — Deux flambeaux style **Renaissance**, métal argenté.

191 — Quatre compotiers cristal monture, Bronze argenté, style **Louis XV.**

192 — Quatre compotiers style **Louis XV**, cristal et Bronze argenté.

193 — Deux porte-assiettes style **Louis XV**, Bronze argenté.

194 — Deux flambeaux style **Louis XIV**, argent balustre 4 pans à cartouches, pieds festons.

195 — Deux flambeaux argent style **Louis XV**, Têtes d'hommes et de femmes, balustre à 8 pans.

196 — Plateaux porte-cartes argent style **Louis XV.**

PEINTURES, TABLEAUX

197 — Cadre orné de guirlandes de roses dorées et peinture **Femmes.**

D'après BOUCHER.

198 — Deux Tableaux **Nature morte,** cadre bois doré (DELAPORTE).

198 *bis* — Dessus de porte. **Vénus, Amour** et **Enfant Satyre.**

199 — Tableau sujet **Chasse gardée.** Signé Ulysse ROY. Cadre bois doré.

200 — Glace style **Louis XV**, bois doré et trumeau peinture.

201 — Tableau cadre bois doré. **Portrait de Femme entourée de guirlandes de fruits.**

202 — Deux Portraits à la mine de plomb, profils de **Jeunes Filles.** Signés MASQUELIER, 1789.

203 — Aquarelle portrait de **Femme.** cadre doré.

204 — Etude, **Sœur de Charité,** cadre doré.

PORCELAINES

—

205 — Deux Potiches porcelaine de **Chine**, décor bleu.

206 — Deux Vases porcelaine de **Saxe**, forme balustre, avec médaillons, décors oiseaux et fleurs.

207 — Deux Tabourets barils, porcelaine de **Chine**, décor bleu.

208 — Deux Vases porcelaine de **Chine**, olive, forme tronc d'arbre.

209 — Deux Groupes porcelaine de **Saxe**, cueillette fruits et fleurs.

210 — Trois Médaillons Biscuit de **Sèvres**.

211 — Deux Théières Coqs, porcelaine de **Saxe**.

212 — Deux Groupes porcelaine de **Saxe**, Oiseaux et Buveurs.

213 — Deux Oiseaux cristal de **roche**.

214 — Quatre Compotiers porcelaine de **Saxe**.

215 — Un Encrier style **Louis XV**, plateau laque, monture bronze doré.

216 — Deux Vases **Delft**, décor polychrome.

217 — Deux Bouteuilles bleu **turquoise**.

MEUBLES

218 — Table **Rognon**, bois de violette et satiné ornée de bronzes dorés.

219 — Table style **Louis XIV**, bois sculpté et doré, mascarons, dessus marbre Corsico.

220 — Petite Table support acajou ciré, bronze doré, marbre brocatelle d'Espagne.

221 — Table style **Lous XVI**, acajou ciré, bronze doré.

222 — Petite Table style **Louis XVI**, forme cœur, acajou verni, bronze doré, marbre fleur de pêcher.

223 — Table **Rognon** à tablette, acajou verni, bronze doré, marbre brocatelle.

224 — Petite Table style **Louis XV** forme contournée, bois de rose, ornée de bronze doré avec incrustation marqueterie.

225 — Petit Bureau plat **ovale**, acajou orné de bronze doré et surmonté d'un casier à trois tiroirs.

226 — Petite Table style **Louis XVI**, acajou et bronze doré, marbre brocatelle d'Espagne.

227 — Meuble d'appui style **Louis XVI**, acajou moucheté et ébène, médaillon biscuit. Dessus marbre blanc.

FONTAINEBLEAU.

228 — Un petit Cabinet laque de **Chine** et nacre.

229 — Console style **Louis XVI**, noyer sculpté, dessus marbre.

230 — Table bois de rose **frisé**, bronze doré et marbre rouge royal.

231 — Deux Vitrines bois noir, ornements bronze doré, style **Louis XIV**.

232 — Deux Meubles d'encoignure style **Louis XVI**, bois de rose et amarante, panneau vernis Martin et bronzes dorés.

233 — Psyché style **Louis XVI**, à trois glaces, bois laqué rouge, bronze doré et peinture guirlandes de roses.

234 — Console style **Louis XVI**, acajou et moulures cuivre, marbre de Valdemora.

235 — Commode style **Louis XV**, bois de rose, ornée de bronzes dorés et marbre.

236 — Secrétaire acajou style **Louis XVI**, colonnettes d'angle et cariatides. Dessus marbre blanc.

237 — Secrétaire style **Louis XVI**, marqueterie, bois de rose, bronzes dorés et marbre blanc.

238 — Commode style **Louis XV**, bois de violette, bronzes dorés et marbre.

239 — Objets omis au Catalogue.

www.ingramcontent.com/pod-product-compliance
Ingram Content Group UK Ltd.
Pitfield, Milton Keynes, MK11 3LW, UK
UKHW021118290826
14628UKWH00014B/2662

9 782329 521039